SOLZHENITSYN
NOBEL PRIZE LECTURE

СОЛЖЕНИЦЫН
НОБЕЛЕВСКАЯ ЛЕКЦИЯ

АЛЕКСАНДР
СОЛЖЕНИЦЫН

ЛЕКЦИЯ

ЛАУРЕАТ НОБЕЛЕВСКОЙ
ПРЕМИИ ПО ЛИТЕРАТУРЕ
1970 ГОДА

ИЗДАТЕЛЬСТВО СТЕНВАЛЛИ
ЛОНДОН

ALEXANDER
SOLZHENITSYN

WINNER OF THE NOBEL PRIZE
FOR LITERATURE, 1970

LECTURE

Translated into English
by Nicholas Bethell

STENVALLEY PRESS
LONDON

Published by Stenvalley Press,
73 Sussex Square, London W.2.

Reprinted 1982

ISBN 0 9502960 0 7 Hardback
0 9502960 1 5 Paperback

Printed in Malta by Interprint Limited

In October 1970 Alexander Solzhenitsyn was awarded the Nobel Prize for Literature. Like other winners of the Prize, he was invited to write a Lecture, to be delivered at the presentation ceremony in Stockholm. He wrote the lecture, but was unable to attend any presentation ceremony, either in Stockholm or in Moscow, where he could deliver it and receive his Prize. I am most grateful to the Nobel Foundation for giving me permission to translate and publish the Lecture.

N.W.B.

January 1973.

1

Как тот дикарь, в недоумении подобравший странный выброс ли океана? захоронок песков? или с неба упавший непонятный предмет? — замысловатый в изгибах, отблескивающий то смутно, то ярким ударом луча, — вертит его так и сяк, вертит, ищет, как приспособить к делу, ищет ему доступной низшей службы, никак не догадываясь о высшей.

Так и мы, держа в руках Искусство, самоуверенно почитаем себя хозяевами его, смело его направляем, обновляем, реформируем, манифестируем, продаем за деньги, угождаем сильным, обращаем то для развлечения — до эстрадных песенок и ночного бара, то — затычкою или палкою, как схватишь, — для политических мимобежных нужд, для ограниченных социальных. А искусство — не оскверняется нашими попытками, не теряет на том своего происхождения, всякий раз и во всяком употреблении уделяя нам часть своего тайного внутреннего света.

Но охватим ли весь тот свет? Кто осмелится сказать, что ОПРЕДЕЛИЛ Искусство? перечислил все стороны его? А может быть уже и понимал, и называл нам в прошлые века, но мы недолго могли на том застояться: мы послушали, и пренебрегли, и отки-

1

A primitive savage chances upon some strange object. He holds it, turns it this way and that. What can it be? Something cast up by the ocean? Something buried in the sand? Or could it have fallen from the sky? An object of intricate curves, he twists it round and about, watches the way it reflects the light first dimly, then with flashes of brightness. In his bewilderment he tries to adapt it to some use, to find some lowly purpose for it. Of its higher purpose he has not the vaguest notion.

In exactly the same way we human beings, holding Art in our hands, arrogantly imagine that we are its masters. We boldly direct it, renew it, reform it, display it, sell it for money, indulge the powerful with it, use it for light entertainment, for popular songs or night club attractions. From time to time we arm ourselves with it to fulfil some passing political purpose or some limited social need. But Art cannot be sullied, in spite of our efforts. It loses none of its original genius. Every time and in whatever way it is used, it grants us some small part of its own inner, secret light.

But will we be able to grasp the *whole* of this light? Who will dare to say that he has *defined* Art, counted every one of its aspects? Perhaps in past centuries there was someone who understood, someone who could put a name, but we humans were not content with such a situation for

long. We listened to it, then neglected it, then finally pushed it away. For we are always quick to change even the very best of what we have, so long as it is for something new. And when someone tells it to us again, we no longer remember it, or the fact that we once knew it.

One artist imagines himself the creator of an independent spiritual world, takes it upon himself to create and populate this world, accepts full responsibility for it. But he breaks down, because no mortal man, even a genius, is capable of bearing such a burden. Equally, Man, who has declared himself the centre of all existence, has been unable to create any evenly balanced spiritual system. Every time he fails, he lays the blame on the eternal disharmony of the world, on the complicated nature of modern man's shattered soul or on lack of understanding by the public.

Another artist knows that there *is* a higher force above him, and finds joy in working as a young apprentice under God's heaven, although he thus bears an even greater responsibility for everything he writes or paints, and for the people who appreciate his work. But on the other hand, this world was not created by him and is not ruled by him. There is no doubt who built its foundation. The artist merely has the gift of sensing more acutely than others the harmony of the world and the beauty and ugliness of man's contribution to it, and of communicating this feeling to others. In failure and even in the very depths of existence—in total poverty, in prison or in sickness—his sense of this continuing harmony cannot desert him.

However, the whole irrationality of Art, its blinding convolutions, its unpredictable discoveries, its shattering impact on people, are too magical to be exhausted by the philosophy of any one artist, by his intellect or by the work of his unworthy fingers.

Археологи не обнаруживают таких ранних стадий человеческого существования, когда бы не было у нас искусства. Еще в предутренних сумерках человечества мы получили его из Рук, которых не успели разглядеть. И не успели спросить: *зачем* нам этот дар? как обращаться с ним?

И ошибались, и ошибутся все предсказатели, что искусство разложится, изживет свои формы, умрет. Умрем — мы, а оно — останется. И еще поймем ли мы до нашей гибели все стороны и все назначенья его?

Не всё — называется. Иное влечет дальше слов. Искусство растепляет даже захоложенную, затемненную душу к высокому духовному опыту. Посредством искусства иногда посылаются нам — смутно, коротко, такие откровения, каких не выработать рассудочному мышлению.

Как тò маленькое зеркальце сказок: в него глянешь и увидишь — не себя — увидишь на миг Недоступное, куда не доскакать, не долететь. И только душа занывает . . .

2

Достоевский загадочно обронил однажды: « Мир спасёт красота ». Что это? Мне долго казалось — просто фраза. Как бы это возможно? Когдà в крово-

Archaeologists have discovered no stage of man's development so early than it contained no Art. In the dawning half-light of human existence we received it from Hands we were not able to see. And we had not the time to ask: what have we been given this thing for? What are we to do with it?

They were wrong and they will always be wrong, those forecasters who say that Art will degenerate, exhaust each one of its forms and die. It is we who will die. Art will remain. And will we have the time, before we perish, to understand all its aspects and all its appointed uses?

Not every thing is given a name. Some things çarry us beyond words. Art can thaw out even a frozen, darkened soul and bring it to high spiritual experience. Through the medium of Art we are sometimes sent, although briefly and indistinctly, revelations such that cannot be explained by rational thought.

It is like that small looking-glass in the fairy stories: you glance into it and you see—not yourself. For an instant you see the Inaccessible. You will never be able to ride there or fly there. But the soul cries out for it. . . .

2

Dostoyevsky once made the mysterious remark, 'The world will be saved by beauty.' What does it mean? For a long time I thought it was just a phrase. For how is it possible? When in our blood-stained history has beauty

жадной истории, кого и от чего спасала красота? Облагораживала, возвышала — да, но кого спасла?

Однако есть такая особенность в сути красоты, особенность в положении искусства: убедительность истинно-художественного произведения совершенно неопровержима и подчиняет себе даже противящееся сердце. Политическую речь, напористую публицистику, программу социальной жизни, философскую систему можно по видимости построить гладко, стройно и на ошибке, и на лжи; и что̀ скрыто, и что̀ искажено — увидится не сразу. А выйдет на спор противонаправленная речь, публицистика, программа, иноструктурная философия — и всё опять так же стройно и гладко, и опять сошлось. Оттого доверие к ним есть — и доверия нет.

Попусту твердится, что к сердцу не ложится.

Произведение же художественное свою проверку несет само в себе: концепции придуманные, натянутые, не выдерживают испытания на образах: разваливаются и те и другие, оказываются хилы, бледны, никого не убеждают. Произведения же, зачерпнувшие истины и представившие нам ее сгущенно-живой, захватывают нас, приобщают к себе властно — и никто, никогда, даже через века, не явится их опровергать.

Так может быть это старое триединство Истины, Добра и Красоты — не просто парадная обветшалая формула, как казалось нам в пору нашей самонадеянной материалистической юности? Если вершины этих трех дерев сходятся, как утверждали исследователи, но слишком явные, слишком прямые поросли Истины и Добра задавлены, срублены, не пропускаются,

saved anyone from anything? Beauty has ennobled and elevated, yes, but whom has it ever saved?

However, there is this characteristic in the essence of beauty, this characteristic in the position of Art: a truly artistic work is completely, irrefutably convincing and bends to its will even the heart which resists it. A political speech, a piece of one-sided journalism, a plan for a new social system or a new philosophy—all of these can be smoothly and efficiently composed, it seems, on the basis of a mistake or a lie. Nor is it immediately clear what has been distorted or hidden. And then some quite contradictory speech, newspaper article or plan appears, some quite differently structured philosophy, all just as smoothly and efficiently presented, just as flawless. This is why people trust these things—and yet they do not trust them.

It is useless to state what one's heart does not feel.

But a work of art carries in itself its own checking system. Strained, invented concepts do not withstand the image test. Both the concepts and the images collapse. They are shown up as pale and feeble. They convince nobody. But works which have drawn upon the truth and presented it to us in live, concentrated form capture us and draw us compulsively in. And never, even centuries later, will anyone be able to refute them.

Can it be that the old trinity—Truth, Goodness and Beauty—is something more than a well-worn, forlorn cliché, as it seemed to us in the days of our self-reliant, materialist youth? The wise men of old used to say that the crowns of these three trees merge, while the branches of the Truth tree and the Goodness tree, being too obvious and too straight, are crushed, lopped off and not allowed to grow. But if this is the case, maybe the fan-

— то может быть причудливые, непредсказуемые, неожидаемые поросли Красоты пробьются и взовьются В ТО ЖЕ САМОЕ МЕСТО, и так выполнят работу за всех трех?

И тогда не обмолвкою, но пророчеством написано у Достоевского: « Мир спасёт красота »? Ведь ЕМУ дано было многое видеть, озаряло его удивительно.

И тогда искусство, литература могут на деле помочь сегодняшнему миру?

То немногое, что удалось мне с годами в этой задаче разглядеть, я и попытаюсь изложить сегодня здесь.

3

На эту кафедру, с которой прочитывается Нобелевская лекция, кафедру, предоставляемую далеко не всякому писателю и только раз в жизни, я поднялся не по трем-четырем примощенным ступенькам, но по сотням или даже тысячам их — неуступным, обрывистым, обмёрзлым, из тьмы и холода, где было мне суждено уцелеть, а другие — может быть с бòльшим даром, сильнее меня — погибли. Из них лишь некоторых встречал я сам на Архипелаге ГУЛаге, рассыпанном на дробное множество островов, да под жерновом слежки и недоверия не со всяким разговорился, об иных только слышал, о третьих только догадывался. Те, кто канул в ту пропасть уже с ли-

tastic, unpredictable, unexpected branches of the Beauty tree could fight their way through the rest and right up *to the same place*, and thus achieve the task of all three?

Then surely Dostoyevsky's words, 'The world will be saved by beauty', will emerge not as a slip of the tongue but as a prophecy. For it was given to *him* to see many things. He was amazingly inspired.

And then perhaps Art and literature really will be able to help today's world?

There are a few things which over the years I have managed to discover on the subject of this task. I will try to explain them here today.

3

In mounting this platform to deliver my Nobel Prize Lecture, I appreciate that this is a chance made available to by no means every writer, and then only once in a lifetime. And it is not by three or four well-carpeted steps that I have climbed up on to this stage, but by hundreds or even thousands of them, steep, unyielding steps, slippery with ice, up out of the darkness and the cold which it was my fate to survive while others, perhaps more gifted and more powerful men than I, lost their lives. Of those who died I myself met just a few in our labour camp 'archipelago', that scattered, far flung, multitude of islands. Blocked as we were by police surveillance and general mistrust I could not talk with every man I met, and there were other men I only heard about, and others still whose existence I could only guess at. Those who sank

тературным именем, хотя бы известны — но сколько не узнанных, ни разу публично не названных! и почти-почти никому не удалось вернуться. Целая национальная литература осталась там, погребенная не только без гроба, но даже без нижнего белья, голая, с биркой на пальце ноги. Ни на миг не прерывалась русская литература! — а со стороны казалась пустынею. Где мог бы расти дружный лес, осталось после всех лесоповалов два-три случайно обойденных дерева.

И мне сегодня, сопровожденному тенями павших, и со склонённой головой пропуская вперед себя на это место других, достойных ранее, мне сегодня — как угадать и выразить, что̀ хотели бы сказать о н и?

Эта обязанность давно тяготела на нас, и мы ее понимали. Словами Владимира Соловьёва:

> Но и в цепях должны свершить мы сами
> Тот круг, что боги очертили нам.

В томительных лагерных перебродах, в колонне заключенных, во мгле вечерних морозов с просвечивающими цепочками фонарей — не раз подступало нам в горло, что̀ хотелось бы выкрикнуть на целый мир, если бы мир мог услышать кого-нибудь из нас. Тогда казалось это очень ясно: что̀ скажет наш удачливый посланец — и как сразу отзывно откликнется мир. Отчетливо был наполнен наш кругозор и теле-

нули тут же, как всегда спеша сменить хоть и самое лучшее — а только бы на новое! И когда нам снова скажут старое, мы уже и не вспомним, что это у нас было.

Один художник мнит себя творцом независимого духовного мира, и взваливает на свои плечи акт творения этого мира, населения его, объемлющей ответственности за него — но подламывается, ибо нагрузки такой не способен выдержать смертный гений; как и вообще человек, объявивший себя центром бытия, не сумел создать уравновешенной духовной системы. И если овладевает им неудача — валят ее на извечную дисгармоничность мира, на сложность современной разорванной души или непонятливость публики.

Другой — знает над собой силу высшую и радостно работает маленьким подмастерьем под небом Бога, хотя еще строже его ответственность за все написанное, нарисованное, за воспринимающие души. Зато: не им этот мир создан, не им управляется, нет сомненья в его основах, художнику дано лишь острее других ощутить гармонию мира, красоту и безобразие человеческого вклада в него — и остро передать это людям. И в неудачах и даже на дне существования — в нищете, в тюрьме, в болезнях, ощущение устойчивой гармонии не может покинуть его.

Однако вся иррациональность искусства, его ослепительные извивы, его непредсказуемые находки, его сотрясающее воздействие на людей — слишком волшебны, чтоб исчерпать их мировоззрением художника, замыслом его или работой его недостойный пальцев.

into the hell-pit after already achieving some literary note are at least known and remembered, but how many more there must be who died totally unknown, never once named in public. Rare indeed was the man with such good luck as to survive. A whole national literature has been left there, buried not only without a coffin, but without even a vest or a pair of shorts, naked, with just a label with a name on it tied round one toe. Not for a moment was the flow of Russian literature interrupted! Yet from the outside it seemed like a desert. The tree fellers did their work. They left not a healthy forest to grow up where they had thinned, but just two or three trees, missed out apparently by accident.

So today, in the company of the spirits of my fallen colleagues, I bow my head to allow those others who deserve this honour more than I do to take my place on this platform. But how am I to guess or to express what *they* would have wished to say?

This is a duty that was laid upon us many years ago, and we understood it. In the words of Vladimir Solovyov:

> 'Although in chains, we must ourselves complete
> That circle chosen for us by the Gods.'

During our exhausting forced marches in the camps, as we were taken to work and back again to our huts, with those little chains of lanterns just shining through the mist of the evening frost—many was the time that there arose in our throat those words which we would have liked to shout out to the whole of the world, if only the world could have heard just one of us. At that time it seems quite obvious what our fortunate emissary ought

сными предметами и душевными движеньями, и в недвоящемся мире им не виделось перевеса. Те мысли пришли не из книг и не заимствованы для складности: в тюремных камерах и у лесных костров они сложились в разговорах с людьми, теперь умершими, т о ю жизнью проверены, о т т у д а выросли.

Когда ж послабилось внешнее давление — расширился мой и наш кругозор, и постепенно, хотя бы в щелочку, увиделся и узнался тот «весь мир». И поразительно для нас оказался «весь мир» совсем не таким, как мы надеялись: «не тем» живущий, «не туда» идущий, на болотную топь восклицающий: «Что за очаровательная лужайка!», на бетонные шейные колодки: «Какое утонченное ожерелье!», а где катятся у одних неотирные слёзы, там другие приплясывают беспечному мьюзикулу.

Как же это случилось? Отчего же зинула это пропасть? Бесчувственны ли были мы? Бесчувственен ли мир? Или это — от разницы языков? Отчего не всякую внятную речь люди способны расслышать друг от друга? Слова отзвучивают и утекают как вода — без вкуса, без цвета, без запаха. Без следа.

По мере того, как я это понимал, менялся и менялся с годами состав, смысл и тон моей возможной

to say, and how the world would immediately respond with help. Our field of vision was crammed full of physical objects and spiritual movements, and in our totally unambiguous world we saw nothing that could oppose them. These thoughts did not come to us from books. They were not borrowed for their attractiveness. They were composed in prison cells and round camp-fires in the forest in conversation with men who are now dead. It was *this* life which tested the thoughts and *this* place which gave them birth.

But when this outside pressure was relaxed, like all of us I had to broaden my field of vision, and gradually, if only through chinks in the fence, I began to discover and take note of this 'outside world'. And we were shattered to find that this 'outside world' was not at all the thing we hoped it would be.

It was not living the 'right way' or going 'in the right direction'. It would see a boggy swamp and exclaim, 'What a charming little meadow!' It would see a set of concrete shackles round a woman's neck and exclaim, 'What an exquisite necklace!' And while some danced happy and carefree with songs and music, others shed tears which no hand could wipe away.

How did this happen? How could such a gulf have opened out? Who were the insensitive ones? We? Or the world? Or was it because of our difference of language? Why is it that some words, even though spoken distinctly and out loud, are quite incomprehensible to some human beings? The words fade away and disappear like water—without taste, without colour, without smell. Without a trace.

Slowly I began to understand all this, and as I did, and the years passed, so the content, sense and tone of the

речи. Моей сегодняшней речи.

И уже мало она похожа на ту, первоначально задуманную в морозные лагерные вечера.

4

Человек извечно устроен так, что его мировоззрение, когда оно не внушено гипнозом, его мотивировки и шкала оценок, его действия и намерения определяются его личным и групповым жизненным опытом. Как говорит русская пословица: « Не верь брату родному, верь своему глазу кривому ». И это — самая здоровая основа для понимания окружающего и поведения в нем. И долгие века, пока наш мир был глухо загадочно раскинут, пока не пронизался он едиными линиями свя́зи, не обратился в единый судорожно бьющийся ком, — люди безошибочно руководились своим жизненным опытом в своей ограниченной местности, в своей общине, в своем обществе, наконец и на своей национальной территории. Тогда была возможность отдельным человеческим глазам видеть и принимать некую общую шкалу оценок: что̀ признаётся средним, что̀ невероятным; что̀ жестоким, что̀ за гранью злодейства; что̀ честностью, что̀ обманом. И хотя очень по-разному жили разбросанные народы, и шкалы их общественных оценок могли

speech I hoped to make—the speech I am making today—changed and changed again.

So that now it bears little resemblance to the one originally conceived during those frozen evenings in the camps.

4

Man has always been built in such a way that his philosophy of life (unless induced by hypnosis), his motivation and scale of values, his actions and intentions are determined by his experience of life, both personally and as a member of a group. There is a Russian saying: 'Do not trust your own brother. Rather trust your own eye, even if it is a crooked eye.' And this is the most healthy basis of all for understanding our surroundings and our behaviour inside them. And for long centuries, while our world was split into numerous far-flung peoples, before it was turned into one single convulsively beating lump, people were unerringly governed by their experience of life in their own limited locality, in their own society, and in the end in their own national territory. It then became possible for humans to see individually and to adopt a certain common scale of values, to decide what is average, what is unbelievable, what is cruel, what is beyond the bounds of criminal law, what is honesty, what is deceit. And although people lived in widely scattered countries with different ways of life, and although their scales of

разительно не совпадать, как не совпадали их системы мер, эти расхождения удивляли только редких путешественников, да попадали диковинками в журналы, не неся никакой опасности человечеству, еще не единому.

Но вот за последние десятилетия человечество незаметно, внезапно стало единым — обнадёжно единым и опасно единым, так что сотрясенья и воспаленья одной его части почти мгновенно передаются другим, иногда не имеющим к тому никакого иммунитета. Человечество стало единым — но не так, как прежде бывали устойчиво едиными община или даже нация: не через постепенный жизненный опыт, не через собственный ГЛАЗ, добродушно названный кривым, даже не через родной понятный язык, — а, поверх всех барьеров, через международное радио и печать. На нас валит накат событий, полмира в одну минуту узнаёт об их выплеске, но мерок — измерять те события и оценивать по законам неизвестных нам частей мира, не доносят и не могут донести по эфиру и в газетных листах: эти мерки слишком долго и особенно устаивались и усваивались в особной жизни отдельных стран и обществ, они не переносимы налету. В разных краях к событиям прикладывают собственную, выстраданную шкалу оценок — и неуступчиво, самоуверенно судят только по своей шкале, а не по какой чужой.

И таких разных шкал в мире если не множество, то во всяком случае несколько: шкала для ближних со-

normal social behaviour could be strikingly different, just as different as their systems of measurement, it was only the occasional traveller who was surprised by these discrepancies. They would be printed in journals as bizarre items, but in no way did they endanger the human race, for it was still in no way united.

But now within a few decades the human race has imperceptibly, suddenly become united—reassuringly united and dangerously united—so that disturbance or inflammation in one of its parts is almost instantaneously transmitted to others. And sometimes these parts possess no immunity to that particular ill. The human race has become united, but not united by those solid links that used to bind a community or even a nation, not by the gradual growth of our experience of life, not by the evidence of our own eyes, crooked though they may well be, not even by some mother tongue we all understand. This unity, surmounting every barrier put in its way, has come about through the world's newspapers and radio.

A flood of events sweeps over us, and within one minute half the world knows about them. But there is no yardstick. Neither the press nor the radio can give us the means to evaluate these events and judge them by the laws which exist in parts of the world we do not know. These yardsticks have for too long and too exclusively remained and become absorbed in the particular life of separate countries and societies. They cannot quickly be flown somewhere else. People of different countries bring their own tested scales of values to events. Unyielding and in full self-confidence, they judge by that scale, and by no other.

It would be untrue to say that there is a multitude of these different scales, but certainly there are quite a few.

бытий и шкала для дальних; шкала старых обществ и шкала молодых; шкала благополучных и неблагополучных. Деления шкал кричаще не совпадают, пестрят, режут нам глаза, и чтоб не было нам больно, мы отмахиваемся ото всех чужих шкал как от безумия, от заблуждения, — и весь мир уверенно судим по своей домашней шкале. Оттого кажется нам крупней, больней и невыносимей не то, что на самом деле крупней, больней, и невыносимей, а то, что ближе к нам. Всё же дальнее, не грозящее прямо сегодня докатиться до порога нашего дома, признаётся нами со всеми его стонами, задушенными криками, погубленными жизнями, хотя б и миллионами жертв — в общем вполне терпимым и сносных размеров.

В одной стороне под гоненьями, не уступающими древне-римским, не так давно отдали жизнь за веру в Бога сотни тысяч беззвучных христиан. В другом полушарии некий безумец (и наверно он не одинок) мчится через океан, чтоб ударом стали в первосвященника ОСВОБОДИТЬ нас от религии! По своей шкале он так рассчитал за всех за нас!

То, что по одной шкале представляется издали завидной благоденственной свободой, то по другой шкале вблизи ощущается досадным принуждением, зовущим к переворачиванию автобусов. То, что в одном краю мечталось бы как неправдоподобное благополучие, то в другом краю возмущает как дикая эксплуатация, требующая немедленной забастовки.

There is a scale for things that happen nearby and a scale for things that happen far away. There is a scale for ancient societies and a scale for young ones, a scale for the happy and another for the unhappy. The scales show a glaring lack of similarity. They dazzle us and strain our eyes, and to avoid the pain we shy away from all other people's scales, as one shies away from madness or delusion. And confidently we judge the whole world by our own scale. For this reason what seems to us greater, more painful or more intolerable is not that which actually *is* greater, more painful or more intolerable, but that which is nearer to us. Anything further away, which is not actually threatening to arrive on our front-door step *today*, is accepted by us—with all its groans of pain, smothered screams, destroyed lives and even millions of victims—as something generally tolerable and within reasonable limits.

For instance not so long ago in one place, there were persecutions no less severe than those of ancient Rome in which hundreds of thousands of Christians gave their lives in silence because of their faith in God. In another hemisphere a certain lunatic, and probably he is not the only one, rushes across the ocean to aim a blow of steel at a leader of the Church and *free* us from religion! He was using his own scale of values to work on behalf of us and everybody.

By one scale some far-off place may appear as a land of the most enviable, benevolent freedom. By another scale, because the place is nearby, there appears to be such miserable oppression that people overturn buses in the street. The same standard of living will in one country be yearned for as a sort of unbelievable prosperity, and in another country be spurned as cruel exploitation, provid-

Разные шкалы для стихийных бедствий: наводнение в двести тысяч жертв кажется мельче нашего городского случая. Разные шкалы для оскорбления личности; где унижает даже ироническая улыбка и отстраняющее движение, где и жестокие побои простительны как неудачная шутка. Разные шкалы для наказаний, для злодеяний. По одной шкале месячный арест, или ссылка в деревню, или «карцер», где кормят белыми булочками да молоком, — потрясают воображение, заливают газетные полосы гневом. А по другой шкале привычны и прощены — и тюремные сроки по двадцать пять лет, и карцеры, где на стенах лёд, но раздевают до белья, и сумасшедшие дома для здоровых, и пограничные расстрелы бесчисленных неразумных, всё почему-то куда-то бегущих людей. А особенно спокойно сердце за тот экзотический край, о котором и вовсе ничего не известно, откуда и события до нас не доходят никакие, а только поздние плоские догадки малочисленных корреспондентов.

И за это двоенье, за это остолбенелое непониманье чужого дальнего горя нельзя упрекать человеческое зрение: уж так устроен человек. Но для целого человечества, стиснутого в единый ком, такое взаимное непонимание грозит близкой и бурной гибелью. При шести, четырех, даже при двух шкалах не может быть единого мира, единого человечества: нас разорвёт эта разница ритма, разница колебаний. Мы не уживёмся на одной Земле, как не жилец человек с двумя сердцами.

ing every reason for an immediate strike. There are different scales for natural disasters. A flood which claims 200,000 victims seems less important than an ordinary accident at home. There are different scales of human humiliation. In some places a sarcastic smile or a dismissive gesture can be most degrading. In others a cruel physical attack is soon forgiven and seen as no more than a bad joke. There are different scales for punishment and for crime. By one scale a month of imprisonment or banishment to the country, or solitary confinement with white bread-rolls and milk, shatters the imagination and fills newspaper columns with angry protest. Another scale of values accepts as quite normal and pardonable prison terms of 25 years, solitary confinement cells with ice on the walls where they strip you to your underwear, lunatic asylums for the sane, and frontier shootings of countless unreasonable men, running away who knows where and who knows why. And what bothers our heads least of all is what happens in those exotic countries of which absolutely nothing is known, from which no news ever reaches us, only flat, belated guesses from a handful of newspaper men.

It is useless to blame man's vision for this double standard, for this paralysis, for this inability to understand the grief of a stranger who is far away. Man is built that way. But now that the whole human race is squeezed together into a single lump, such mutual misunderstandings threaten it with a swift and stormy end. With six, four, or even two separate scales of values there cannot be a united world, a united human race. We shall be torn apart by this difference in rhythm, this irregular oscillation. We will not survive on the same earth. A man with two hearts is a man who is doomed.

Но кто же и как совместит эти шкалы? Кто создаст человечеству единую систему отсчёта — для злодеяний и благодеяний, для нетерпимого и терпимого, как они разграничиваются сегодня? Кто прояснит человечеству, что̀ действительно тяжко и невыносимо, а что̀ только по близости натирает нам кожу — и направит гнев к тому, что страшней, а не к тому что ближе? Кто сумел бы перенести такое понимание через рубеж собственного человеческого опыта? Кто сумел бы косному упрямому человеческому существу внушить чужие дальние горе и радость, понимание масштабов и заблуждений, никогда не пережитых им самим? Бессильны тут и пропаганда, и принуждение, и научные доказательства. Но, к счастью, средство такое в мире есть! Это — искусство. Это — литература.

Доступно им такое чудо: преодолеть ущербную особенность человека учиться только на собственном опыте, так что втуне ему проходит опыт других. От человека к человеку, восполняя его куцое земное время, искусство переносит целиком груз чужого долгого жизненного опыта со всеми его тяготами, красками, соками, во плоти воссоздаёт опыт, пережитый другими, — и дает усвоить как собственный.

И даже больше, гораздо больше того: и страны, и целые континенты повторяют ошибки друг друга с опозданием, бывает и на века, когда, кажется, так всё наглядно видно! а нет: то, что одними народами уже пережито, обдумано и отвергнуто, вдруг обнаружи-

But who will bring these scales of values together? How can it be done? Who will give the human race one united system of evaluation, for evil deeds and good deeds, for the unendurable and the endurable? How is the line to be drawn between them? Who will explain to the human race what is *really* terrible and unbearable, and what merely rubs our skin because it is so close? Who will direct our anger towards what is more terrible, rather than towards what is nearer? Who will ever be able to carry his understanding of this idea through the barrier of his own human experience? Who will ever be able to make some stubborn, narrow-minded human being understand other peoples' distant sorrows and joys? How can he make him aware of relationships and problems which he has never himself experienced? In such matters propaganda, compulsion and scientific proof are all powerless. But, fortunately, there is a way by which it can be done. It can be done by Art. By literature.

These two can accomplish a miracle: they can overcome man's most damaging characteristic, the fact that he can only learn by his own experience, that he allows other peoples' experience to pass him by. Art can amplify man's short time on this earth by enabling him to receive from another the whole range of someone else's life-long experiences, with all their problems, colours and flavours. Art recreates in flesh experiences that have been lived by other men, and enables people to absorb them as if they were their own.

But more, much more than this: countries and whole continents repeat each other's mistakes in later years, sometimes centuries later, when it seems everything should be obviously clear. But no! Something which one nation has already experienced, analysed and rejected

вается другими как самое новейшее слово. И здесь тоже: единственный заменитель не пережитого нами опыта — искусство, литература. Дана им чудесная способность: через различия языков, обычаев, общественного уклада переносить жизненный опыт от целой нации к целой нации — никогда не пережитый этою второю трудный многодесятилетний национальный опыт, в счастливом случае оберегая целую нацию от избыточного, или ошибочного, или даже губительного пути, тем сокращая извилины человеческой истории.

Об этом великом благословенном свойстве искусства я настойчиво напоминаю сегодня с нобелевской трибуны.

5

И еще в одном бесценном направлении переносит литература неопровержимый сгущенный опыт: от поколения к поколению. Так она становится живою памятью нации. Так она теплит в себе и хранит ее утраченную историю — в виде, не поддающемся искажению и оболганию. Тем самым литература вместе с языком сберегает национальную душу.

(За последнее время модно говорить о нивелировке наций, об исчезновении народов в котле современной цивилизации. Я не согласен с тем, но обсуждение

may suddenly be discovered by another nation and adopted by it as if it were some very latest invention. Here again, the only substitute for experience we have not personally lived through is Art or literature. They give us a miraculous ability: to transfer experience of life from a whole nation to a whole nation in spite of differences of language, custom or social system. So these painful decades of national experience, which have not been shared by the other nation, can be communicated to this nation and perhaps save it from taking a path which is unnecessary, wrong or even disastrous. Art can sometimes shorten the dangerous, twisted road of man's history.

Speaking from the Nobel platform today, I most insistently remind you of this great and blessed property—Art.

5

There is another most valuable direction in which literature carries condensed, irrefutable human experience. This is from generation to generation. So literature becomes a nation's living memory. It nurtures it and preserves its lost history in a form which is not subject to distortion or slander. In the same way literature together with language can preserve the national soul.

(In recent times it has been fashionable to speak of a levelling of nations and of a disappearance of peoples in the melting pot of modern civilisation. I do not agree with

того — вопрос отдельный, здесь же уместно только сказать: исчезновение наций обеднило бы нас не меньше, чем если бы все люди уподобились, в один характер, в одно лицо. Нации — это богатство человечества, это обобщенные личности его; самая малая из них несет свои особые краски, таит в себе особую грань Божьего замысла.)

Но горе той нации, у которой литература прерывается вмешательством силы: это — не просто нарушение «свободы печати», это — замкнутие национального сердца, иссечение национальной памяти. Нация не помнит сама себя, нация лишается духовного единства — и при общем как будто языке соотечественники вдруг перестают понимать друг друга. Отживают и умирают немые поколения, не рассказавшие о себе ни самим себе, ни потомкам. Если такие мастера, как Ахматова или Замятин, на всю жизнь замурованы заживо, осуждены до гроба творить молча, не слыша отзвука своему написанному, — это не только их личная беда, но горе всей нации, но опасность для всей нации.

А в иных случаях — и для всего человечества: когда от такого молчания перестает пониматься и вся целиком ИСТОРИЯ.

this, but any discussion of it would be a separate issue. Here it is right that I should say just this: were nations to disappear, we would be impoverished in exactly the same way as if all people suddenly became alike, with the same character and the same face. Nations are part of the wealth of the human race. Although generalised, they are its individuals. The smallest of them has its own special colours and hides in itself some special facet of God's design.)

But woe to that nation whose literature is interrupted by the interference of force. This is not simply a violation of 'freedom of the press'. It is a shutter across the national heart, an excision of the national memory. The nation does not remember itself, the nation is deprived of its spiritual unity, and its people, although apparently still enjoying a common language, suddenly cease to understand one another. Dumb generations live their lives and die without explaining themselves either to each other or to those who are to come. If such geniuses as Akhmatova or Zamyatin are walled up alive for the rest of their lives, condemned to create in silence, until they come to the grave without hearing the faintest response to what they have written, this is not only their own personal misfortune, it is also the whole nation's grief, the whole nation's danger.

In other cases the whole human race is endangered. Then, because of that silence, the whole of history ceases to be understood.

6

В разное время в разных странах горячо, и сердито, и изящно спорили о том, должны ли искусство и художник жить сами для себя или вечно помнить свой долг перед обществом и служить ему, хотя и непредвзято. Для меня здесь нет спора, но я не стану снова поднимать вереницы доводов. Одним из самых блестящих выступлений на эту тему была Нобелевская же лекция Альбера Камю — и к выводам ее я с радостью присоединяюсь. Да русская литература десятилетиями имела этот крен — не заглядываться слишком сама на себя, не порхать слишком беспечно, и я не стыжусь эту традицию продолжать по мере сил. В русской литературе издавна вроднились нам представления, что писатель может многое в своем народе — и должен.

Не будем попирать ПРАВА художника выражать исключительно собственные переживания и самонаблюдения, пренебрегая всем, что делается в остальном мире. Не будем ТРЕБОВАТЬ от художника, — но укорить, но попросить, но позвать и поманить дозволено будет нам. Ведь только отчасти он развивает свое дарование сам, в большей доле оно вдунуто в него с рожденья готовым — и вместе с талантом положена ответственность на его свободную волю. Допустим, художник никому ничего НЕ ДОЛЖЕН, но больно видеть, как МОЖЕТ он, уходя в своесозданные миры или в пространства субъективных ка-

6

In different times and in different countries one question has been most heatedly, angrily and sophisticatedly argued: should Art and the artist live just for themselves, or should they always remember their duty before society and work in its service—of course, without prejudice against others? For me the answer is quite clear, but I do not intend to repeat once more the outlines of my arguments. One of the most brilliant speeches on this matter was the Nobel Prize Lecture delivered by Albert Camus, and I take pleasure in subscribing to its conclusions. Also, for decades Russian literature has been outward rather than inward looking. It has never confined itself to frivolities, and I have no hesitation in continuing this tradition to the best of my ability. In Russian literature there has long been the inborn idea that a writer can do much for his people, and that this is his duty.

We do not deny the artist the *right* to express nothing but his own experiences and observations, to neglect everything that happens throughout the rest of the world. We are not going to make *demands* of the artist, but it is surely in order for us to reproach him, to request him, to summon him and inveigle him. After all, the development of his gift is only partly his own work. To a great extent his gift is something inborn, and with his talent comes a responsibility for the exercise of his free will. Let us concede that the artist *owes* nothing to anybody. Still, it gives one pain to see such a man depart into a world of his own creation or into the wide spaces of subjective

призов, отдавать реальный мир в руки людей корыстных, а то и ничтожных, а то и безумных.

Оказался наш XX век жесточе предыдущих, и первой его половиной не кончилось всё страшное в нем. Те же старые пещерные чувства — жадность, зависть, необузданность, взаимное недоброжелательство, на ходу принимая приличные псевдонимы вроде классовой, расовой, массовой, профсоюзной борьбы рвут и разрывают наш мир. Пещерное неприятие компромиссов введено в теоретический принцип и считается добродетелью ортодоксальности. Оно требует миллионных жертв в нескончаемых гражданских войнах, оно нагуживает в душу нам, что нет общечеловеческих устойчивых понятий добра и справедливости, что все они текучи, меняются, а значит всегда должно поступать так, как выгодно твоей партии. Любая профессиональная группа, как только находит удобный момент ВЫРВАТЬ КУСОК, хотя б и не заработанный, хотя б и избыточный — тут же вырывает его, а там хоть всё общество развались. Амплитуда швыряний западного общества, как видится со стороны, приближается к тому пределу, за которым система становится метастабильной и должна развалиться. Все меньше стесняясь рамками многовековой законности, нагло и победно шагает по всему миру насилие, не заботясь, что его бесплодность уже много раз проявлена и доказана в истории. Торжествует даже не просто грубая сила, но ее трубное оправдание: заливает мир наглая уверенность, что сила может всё, а правота — ничего. БЕСЫ Достоевского — казалось, провинциальная кошмарная фантазия прошлого века, на наших гла-

capriciousness, leaving the real world to mercenaries or nobodies, or even madmen.

Our twentieth century has turned out crueller than preceding ones, and its horrors have by no means ended with the conclusion of the first fifty years. The same old caveman impulses—greed, envy, lack of restraint, mutual ill-will—still tear and rip our world apart, though now they have adopted such 'decent' labels as class conflict, race war, the struggle of the masses or the trade unions. A primitive refusal to compromise has been turned into a theoretical principle and is seen as the great virtue of orthodoxy. It demands victims by the million in still unfinished civil wars, and still dins into our brains the fact that there are no firm generally approved concepts of goodness and justice, that all such concepts are fluid and liable to change, which means that one should always act in the way that is most profitable to one's own party. Groups of workers or professional men wait for every suitable moment to grab a bit extra, whether they have earned it or not, whether they need it or not, and then they seize it, and to hell with the whole of society. Western Society is being so tossed about, or so it seems from the outside, that it is approaching the point beyond which the system will become unstable and must eventually collapse. Violence, less and less restricted by a system of laws built up over the centuries, strides naked and victorious over the earth, caring not one jot that its sterility has been demonstrated and proved many times before in history. It is not just coarse violence itself that is triumphant, but also its shrieks of self-justification. The world is overrun by the brazen conviction that force can do everything, while justice can do nothing. The devils in Dostoyevsky's *The Possessed* were, we thought, figures in a horrible

зах расползаются по всему миру, в такие страны, где и вообразить их не могли — и вот угонами самолётов, захватами ЗАЛОЖНИКОВ, взрывами и пожарами последних лет сигналят о своей решимости сотрясти и уничтожить цивилизацию! И это вполне может удаться им. Молодежь — в том возрасте, когда еще нет другого опыта, кроме сексуального, когда за плечами еще нет годов собственных страданий и собственного понимания, восторженно повторяет наши русские опороченные зады XIX века, а кажется ей, что открывает новое что-то. Новоявленная хунвейбиновская деградация до ничтожества принимается ею за радостный образец. Верхоглядное непонимание извечной человеческой сути, наивная уверенность непоживших сердец: вот этих лютых, жадных притеснителей, правителей прогоним, а следующие (мы!), отложив гранаты и автоматы, будут справедливые и сочувственные. Как бы не так! .. А кто пожил и понимает, кто мог бы этой молодежи возразить — многие НЕ СМЕЮТ возражать, даже заискивают, только бы не показаться «консерваторами» — снова явление русское, XIX века, Достоевский называл его РАБСТВОМ У ПЕРЕДОВЫХ ИДЕЕК.

Дух Мюнхена — нисколько не ушел в прошлое, он не был коротким эпизодом. Я осмелюсь даже сказать, что дух Мюнхена преобладает в XX веке. Оробелый цивилизованный мир перед натиском внезапно воротившегося оскаленного варварства не нашел ничего

nineteenth-century provincial fantasy, but now with our own eyes we see them spreading over the earth, reaching countries where formerly they had not even been imagined. And now they hijack aeroplanes, seize hostages, cause fires and explosions. All their work of recent years is evidence of their determination to shake out and destroy civilisation. And they may very well succeed. People so young that their only experience of life is sex, boys and girls with no years of personal sufferings or personal understanding behind them, are blissfully repeating the discredited platitudes of our Russian nineteenth century. And they really imagine they have discovered something new. The degrading phenomenon of the Chinese Red Guards is accepted by them as a splendid example to follow. Their hearts have experienced so little. Their understanding of the timeless essence of humanity is so superficial. How naive is their self-confidence! 'We'll throw out *this* lot of cruel, greedy, oppressive rulers, and the next lot (that is, us), once we've put away our hand-grenades and our machine-guns, we'll rule with universal justice and human sympathy.' But this is not so! There are those who have lived a little, who understand, who could argue with these young men and women, but many of them *do not dare* to argue. Instead they try to worm their way in among them—anything rather than be labelled 'conservative'. Once again, we had this in Russia in the nineteenth century. Dostoyevsky called it 'becoming a slave to silly little progressive ideas'.

The spirit of Munich is not a thing of the past, it was more than one short episode. I would even venture to say that the spirit of Munich is predominant in the twentieth century. The entire civilised world trembled as snarling barbarism suddenly re-emerged and moved into the at-

другого противопоставить ему, как уступки и улыбки. Дух Мюнхена есть болезнь воли благополучных людей, он есть повседневное состояние тех, кто отдался жажде благоденствия во что бы то ни стало, материальному благосостоянию как главной цели земного бытия. Такие люди — а множество их в сегодняшнем мире — избирают пассивность и отступления, лишь дальше потянулась бы привычная жизнь, лишь не сегодня бы перешагнуть в суровость, а завтра, глядишь, обойдется . . . (Но никогда не обойдется! — расплата за трусость будет только злей. Мужество и одоление приходят к нам, лишь когда мы решаемся на жертвы.)

А еще нам грозит гибелью, что физически сжатому стесненному миру не дают слиться духовно, не дают молекулам знания и сочувствия перескакивать из одной половины в другую. Это лютая опасность: ПРЕСЕЧЕНИЕ ИНФОРМАЦИИ между частями планеты. Современная наука знает, что пресечение информации есть путь энтропии, всеобщего разрушения. Пресечение информации делает призрачными международные подписи и договоры: внутри ОГЛУШЁННОЙ зоны любой договор ничего не стоит перетолковать, а еще проще — забыть, он как бы и не существовал никогда (это Оруэлл прекрасно понял). Внутри оглушённой зоны живут как бы не жители Земли, а марсианский экспедиционный корпус, они толком ничего не знают об остальной Земле, и готовны пойти топтать ее в святой уверенности, что « освобождают ».

Четверть века назад в великих надеждах человечества родилась Организация Объединенных Наций. Увы, в безнравственном мире выросла безнравствен-

tack. It found it had nothing to fight with but smiles and concessions. The spirit of Munich is an illness of the will-power of rich people. It is the everyday state of those who have given in to the desire for well-being at any price, to material prosperity as the main aim of life on this earth. Such people—and there are many of them in the world today—choose to be passive and to retreat, just so their normal lives may last a little bit longer, just so the move into austerity may not happen *today.* And as for to-morrow, it'll be all right, you'll see. . . . (But it won't be all right! The price you have to pay for your cowardice will be all the worse. Courage and victory come to us only when we resign ourselves to making sacrifices.)

Another thing that threatens us with destruction is that our physically compressed, restricted world is not allowed to come together in spirit. The molecules of knowledge and sympathy are not allowed to jump from one half to the other. This is a cruel danger, this *information block* between different parts of the planet. Modern science knows that to stop the flow of information is the way of entropy and universal destruction. Information blocks make international treaties and agreements an illusion. In the zone where information is suppressed it is easy enough to reinterpret any given agreement, and easier still to annul it (Orwell understood this perfectly). The people who live inside this zone are not really Earth-dwellers, more like an expeditionary force from Mars who, knowing nothing of the rest of the Earth, are ready to trample all over it in the sublime conviction that they are 'liberating' it.

A quarter of a century ago, amid the great hopes of all mankind, the United Nations Organisation was born. Alas, in an immoral world it too grew up to be immoral.

ной и она. Это не Организация Объединенных Наций, но Организация Объединенных Правительств, где уравнены и свободно избранные, и насильственно навязанные, и оружнем захватившие власть. Корыстным пристрастием большинства ООН ревниво заботится о свободе одних народов и в небрежении оставляет свободу других. Угодливым голосованием она отвергла рассмотрение ЧАСТНЫХ ЖАЛОБ — стонов, криков и умолений единичных маленьких ПРОСТО ЛЮДЕЙ — слишком мелких букашек для такой великой организации. Свой лучший за 25 лет документ — Декларацию Прав человека, ООН не посилилась сделать ОВЯЗАТЕЛЬНЫМ для правительств, УСЛОВИЕМ их членства — и так предала маленьких людей воле неизбранных ими правительств.

Казалось бы: облик современного мира весь в руках ученых, все технические шаги человечества решаются ими. Казалось бы: именно от всемирного содружества ученых, а не от политиков, должно зависеть, куда миру идти. Тем более, что пример единиц показывает, как много могли бы они сдвинуть все вместе. Но нет, ученые не явили яркой попытки стать важной самостоятельно действующей силой человечества. Целыми конгрессами отшатываются они от чужих страданий: уютней остаться в границах науки. Всё тот же дух Мюнхена развесил над ними свои расслабляющие крыла.

Каковы ж в этом жестоком, динамичном, взрывном мире, на черте его десяти гибелей — место и роль

It is not a united nations organisation but a united governments organisation. It puts on an equal plane regimes which were freely elected, or which were imposed by violence, or which seized power by force of arms. The self-interested prejudices of the majority forced the Organisation to strive jealously for the freedom of some nations and to neglect the freedom of others. In one obsequious vote it decided that it would not consider any private complaints—that is to say, the groans, screams and entreaties of little individuals who are only *ordinary men and women.* These are insects too tiny for such a great organisation to bother with. The best document it has composed in 25 years, the Declaration of Human Rights, the U.N. has not tried to make *binding* on governments, a *condition* of their membership, and so it has handed ordinary people over to the whims of governments they did not elect.

It would seem that the shape of the modern world is entirely in the hands of scientists, for it is they who determine every technical step which the human race takes. It would seem that the world's future direction ought to depend on this worldwide community of scientists, not on politicians. Individuals among them have shown by their example how much could be done were they to act as a group. But as of now, scientists have made no clear attempt to become an important, active, individual force among the human race. At congress after congress they shy away from other people's sufferings. It is more comfortable to remain within the confines of science. This same spirit of Munich has spread its energy-draining wings over them too.

So in this cruel, dynamic, explosive world, on the brink of a dozen deaths, what is the place and role of the writer?

писателя? Уж мы и вовсе не шлем ракет, не катим даже последней подсобной тележки, мы и вовсе в презреньи у тех, кто уважает одну материальную мощь. Не естественно ли нам тоже отступить, разувериться в неколебимости добра, в недробимости правды и лишь поведывать миру свои горькие сторонние наблюдения, как безнадежно исковеркано человечество, как измельчали люди и как трудно средь них одиноким тонким красивым душам?

Но и этого бегства — нет у нас. Однажды взявшись за СЛОВО, уже потом никогда не уклониться: писатель — не посторонний судья своим соотечественникам и современникам, он — совиновник во всем зле, совершенном у него на родине или его народом. И если танки его отечества залили кровью асфальт чужой столицы — то бурые пятна навек зашлепали лицо писателя. И если в роковую ночь удушили спящего доверчивого Друга — то на ладонях писателя синяки от той веревки. И если юные его сограждане развязно декларируют превосходство разврата над скромным трудом, отдаются наркотикам или хватают ЗАЛОЖНИКОВ — то перемешивается это зловоние с дыханием писателя.

Найдем ли мы дерзость заявить, что не ответчики мы за язвы сегодняшнего мира?

Of course we have no rockets to fire off. We possess not even one single support truck to bring up the rear with. Of course we enjoy nothing but contempt from those who respect only material power. Would it not be only natural if we too were to retreat, to lose our faith in the unshakability of goodness, in the indivisibility of truth? We could then content ourselves with reading the world our bitter observations from the side-lines, on how the human race is hopelessly corrupted, on how superficial people have become, and on how hard it is for us lonely, beautiful, sensitive souls to live among them.

But even this refuge is denied us. Once we have taken up the *word*, there is no getting away from it afterwards. The writer is not some casual judge of his fellow-countrymen and contemporaries. He is an accomplice in all the evil that is committed in his own country or by his own people. If the tanks of his country's army have bloodied the asphalt streets of another country's capital city, then those brown stains are spattered for ever over the face of the writer. And if one deadly night some trusted friend is strangled while he sleeps, then the writer too carries on the palm of his hands the bruises from the rope. And if his young fellow-countrymen happily declare the superiority of decadence over honest toil, if they give themselves over to drugs or seize hostages, then the evil stink of it all is mixed up with the writer's breath.

Will we find the boldness to declare that we bear no responsibility for the plagues of today's world?

7

Однако, ободряет меня живое ощущение МИРОВОЙ ЛИТЕРАТУРЫ как единого большого сердца, колотящегося о заботах и бедах нашего мира, хотя по-своему представленных и видимых во всяком его углу.

Помимо исконных национальных литератур, существовало и в прежние века понятие мировой литературы — как огибающей по вершинам национальных и как совокупности литературных взаимовлияний. Но случалась задержка во времени: читатели и писатели узнавали писателей иноязычных с опозданием, иногда вековым, так что и взаимные влияния опаздывали и огибающая национальных литературных вершин проступала уже в глазах потомков, не современников.

А сегодня между писателями одной страны и писателями и читателями другой есть взаимодействие если не мгновенное, то близкое к тому, я сам не себе испытываю это. Не напечатанные, увы, на родине, мои книги, несмотря на поспешные и часто дурные переводы, быстро нашли себе отзывчивого мирового читателя. Критическим разбором их занялись такие выдающиеся писатели Запада как Генрих Бёлль. Все эти последние годы, когда моя работа и свобода не рухнули, держались против законов тяжести как будто в воздухе, как будто НИ НА ЧЁМ — на невидимом, немом натяге сочувственной общественной

7

However, I am encouraged by my living feeling for *world literature* as one great heart, beating in response to the cares and troubles of our world, even though these are seen and presented in a different way in every different country.

Apart from ordinary national literatures, there did exist even in former centuries a concept of world literature. It was a force which bound together each national literature by its peak, and moulded the various influences of literature into one force. But sometimes there would be a delay. Readers and writers came to know people who wrote in foreign languages much later, sometimes centuries later, so that the influence of such writers on each other was also delayed. The force which bound national literatures together by their peaks was of use to these writers' descendants, not to their contemporaries.

But today the interaction between writers of one country and writers or readers of another happens if not instantaneously, at least very nearly so. I have experienced this myself. My own books, unpublished, alas, in my own country, have quickly found a responsive world readership, in spite of hurried and often bad translations. Such outstanding Western writers as Heinrich Böll have taken time to write critical analysis of them. In these most recent years my work and my freedom have not collapsed. They have held up in violation of the laws of gravity and seem to float in the air. They seem to rest on *nothing*, on an invisible, unspeaking film of worldwide sympathy. All

плёнки, — я с благодарною теплотой, совсем неожиданно для себе узнал поддержку и мирового братства писателей. В день моего 50-летия я изумлен был, получив поздравления от известных европейских писателей. Никакое давление на меня не стало проходить незамеченным. В опасные для меня недели исключения из писательского союза СТЕНА ЗАЩИТЫ, выдвинутая видными писателями мира, предохранила меня от худших гонений, а норвежские писатели и художники на случай грозившего мне изгнания с родины гостеприимно готовили мне кров. Наконец, и само выдвижение меня на Нобелевскую премию возбуждено не в той стране, где я живу и пишу, но — Франсуа Мориаком и его коллегами. И, еще позже того, целые национальные писательские объединения выразили поддержку мне.

Так я понял и ощутил на себе: мировая литература — уже не отвлеченная огибающая, уже не обобщение, созданное литературоведами, но некое общее тело и общий дух, живое сердечное единство, в котором отражается растущее духовное единство человечества. Еще багровеют государственные границы, накаленные проволокою под током и автоматными очередями, еще иные министерства внутренних дел полагают, что и литература — « внутреннее дело » подведомственных им стран, еще выставляются газетные заголовки: « не их право вмешиваться в наши внутренние дела! », — а между тем ВНУТРЕННИХ ДЕЛ вообще не осталось на нашей тесной Земле! И спасение человечества только в том, чтобы всем было дело до всего: людям Востока было бы сплошь небезразлично, что думают на Западе; людям Запада —

this time I realised with warmth and gratitude how the world brotherhood of writers too were supporting me. This was quite unexpected. On my 50th birthday I was amazed to receive greetings from well-known European writers. A situation arose in which no pressure upon me was allowed to pass unnoticed. In those most dangerous weeks of my expulsion from the Writers' Union a *wall of defence*, raised by writers famous throughout the world, protected me from the worst persecutions. Norwegian writers and artists were preparing a roof to shelter me in case, as seemed likely, I was banished from my country. Last of all, my actual nomination for the Nobel Prize was made not in the country where I live and write, but by François Mauriac and his colleagues. And later still entire Writers' organisations in various countries expressed their support for me.

So I have come to appreciate and to feel through my own life that world literature as a unifying force is no longer a collection of abstract influences or a generalisation composed by literary experts, but a common body and a common soul, a living unity of the heart in which one may see reflected the growing spiritual unity of the human race. The thick red lines of national frontiers are still there, inflamed by electrified wires or machine-gun bursts. There are still some interior ministries which suggest that literature too is an 'internal matter' of the countries they govern. Newspaper headlines still proclaim, 'They have not the right to interfere in our internal affairs!' But the fact is that in our cramped little world there are no longer any 'internal affairs'. Man's salvation depends upon everyone making it his business to know everything. It depends on the people of the East not being entirely indifferent to the opinions of people of the

сплошь небезразлично, что совершается на Востоке. И художественная литература — из тончайших, отзывчивейших инструментов человеческого существа, одна из первых уже переняла, усвоила, подхватила это чувство растущего единства человечества. И вот я уверенно обращаюсь к мировой литературе сегодняшнего дня — к сотням друзей, которых ни разу встретил въявь и может быть никогда не увижу.

Друзья! А попробуем пособить мы, если мы чего-нибудь стоим! В своих странах, раздираемых разноголосицей партий, движений, каст и групп, кто же искони был силою не разъединяющей, но объединяющей? Таково по самой сути положение писателей: выразителей национального языка — главной скрепы нации, и самой земли, занимаемой народом, а в счастливых случаях и национальной души.

Я думаю, что мировой литературе подсилу в эти тревожные часы человечества помочь ему верно узнать самого себя вопреки тому, что внушается пристрастными людьми и партиями; перенести сгущенный опыт одних краев в другие, так чтобы перестало у нас двоиться и рябить в глазах, совместились бы деления шкал, и одни народы узнали бы верно и сжато истинную историю других с тою силой узнавания и болевого ощущения, как будто пережили ее сами, — и тем обережены бы были от запоздалых ошибок. А сами мы при этом быть может сумеем развить в себе и МИРОВОЕ ЗРЕНИЕ: центром глаза, как и каждый человек, видя близкое, краями глаза начнем вбирать и то, что делается в

West, on people in the West not being entirely indifferent to what is happening in the East. And literature, one of the most delicate and sensitive tools which man possesses, is already one of the first to detect, adopt and promote this feeling of mankind's growing unity. This is why I confidently address myself to the world literature of today, to the hundreds of friends that I have never once met and perhaps never will.

My friends! If we are worth anything at all, let us try to help. In our own countries, torn apart by different parties, movements, castes and groups, who was there in the beginning, who was not a divisive force but a united one? Surely it is this that is essentially the writer's position: to give expression to the national language, which is a nation's main binding force, to give expression to the land on which his fellow-countrymen live, and in a few happy instances to express also the nation's soul.

In this hour of alarm I think that world literature is capable of helping the human race to understand itself properly, in spite of what is being instilled into us by prejudiced people and groups. It can move concentrated experience from one country to another so that we are no longer dazzled, we no longer see double. It can bring together different scales of values so that nations learn briefly and accurately the history of other nations, and all the more intensely because by reading they absorb the pain of what happened, they all but experience it themselves. Thus they are protected from making the same mistakes later. And we ourselves may by this process develop a certain *world vision*. While, like everybody, we use the centre of the eye to see what is near, we might begin to use the edges of the eye to see what is happening in the outside world. Then we should be able to make

остальном мире. И соотнесем, и соблюдем мировые пропорции.

И кому же, как не писателям, высказать порицание не только своим неудачным правителям (в иных государствах это самый легкий хлеб, этим занят всякий, кому не лень), но — и своему обществу, в его ли трусливом унижении или в самодовольной слабости, но — и легковесным броскам молодежи, и юным пиратам с замахнутыми ножами?

Скажут нам: что̀ ж может литература против безжалостного натиска открытого насилия? А: не забудем, что насилие не живет одно и не способно жить одно: оно непременно сплетено с ЛОЖЬЮ. Между ними самая родственная, самая природная глубокая связь: насилию нечем прикрыться, кроме лжи, а лжи нечем удержаться, кроме как насилием. Всякий, кто однажды провозгласил насилие своим МЕТОДОМ, неумолимо должен избрать ложь своим ПРИНЦИПОМ. Рождаясь, насилие действует открыто и даже гордится собой. Но едва оно укрепится, утвердится, — оно ощущает разрежение воздуха вокруг себя и не может существовать дальше иначе, как затуманиваясь в ложь, прикрываясь ее сладкоречием. Оно уже не всегда, не обязательно прямо душит глотку, чаще оно требует от подданных только присяги лжи, только соучастия во лжи.

И простой шаг простого мужественного человека: не участвовать во лжи, не поддерживать ложных действий! Пусть это приходит в мир и даже царит в мире — но не через меня. Писателям же и художни-

comparisons and keep a sense of proportion in world affairs.

And who is there if not a writer who will criticise our wretched political rulers? (In some countries this is the easiest living of all to earn. Anyone does it who is not totally lazy.) And who if not a writer will criticise his own society, whether for its cowardly self-humiliation or for its self-satisfied weakness? Who if not a writer will criticise the thoughtless excesses of youth, those young knife-brandishing pirates?

They will say, 'What can literature do against the merciless onslaught of open violence?' But let us not forget that violence does not live by itself and cannot live by itself. It can only exist with the help of *the lie*. Between these two there is a most intimate, natural and fundamental connection. Violence can only be concealed by the lie, and the lie can only be maintained by violence. Any man who has once proclaimed violence as his *method* is inevitably forced to take the lie as his *principle*. When it is born, violence operates openly and even takes pride of itself. But as soon as it becomes confirmed and established, it begins to feel a thinning in the air about itself. Then it realises it cannot carry on living except by masking itself with lies and covering itself up with sweet words. Violence does not always, not necessarily, take people by the throat and strangle them. Usually it demands no more than an oath of allegiance from its subjects. They are required merely to become accomplices in the lie.

There is one simple step a simple courageous man can take—not to take part in the lie, not to give his support to false actions. Let *this* principle enter the world and even dominate the world—but not through me. Writers and artists are capable of something more. They can

кам доступно бóльшее: ПОБЕДИТЬ ЛОЖЬ! Уж в борьбе-то с ложью искусство всегда побеждало, всегда побеждает! — зримо, неопровержимо для всех! Против многого в мире может выстоять ложь — но только не против искусства.

А едва развеяна будет ложь — отвратительно откроется нагота насилия — и насилие дряхлое падет.

Вот почему я думаю, друзья, что мы способны помочь миру в его раскаленный час. Не отнекиваться безоружностью, не отдаваться беспечной жизни, — но выйти на бой!

В русском языке излюблены пословицы о ПРАВДЕ. Они настойчиво выражают немалый тяжелый народный опыт и иногда поразительно:

ОДНО СЛОВО ПРАВДЫ
ВЕСЬ МИР ПЕРЕТЯНЕТ

Вот на таком мнимо-фантастическом нарушении закона сохранения масс энергий основана и моя собственная деятельность, и мой призыв к писателям всего мира.

defeat the lie. In its struggle against the lie Art has always won and will always win. Everyone can see this. No one can deny it. A lie can stand up and resist many things in this world, but it cannot resist Art.

And once the lie is shattered the nakedness of violence is revealed in all its repulsiveness. Violence becomes senile and collapses.

This is why I think, my friends, that in this hour of trial we are capable of helping the world. We have no weapons of death, but let this not be our excuse. Let us not give in to a life of ease and security. Let us go forward into battle!

In Russia the most popular proverbs are those about *truth.* Insistently these proverbs express the people's deep and bitter experiences, sometimes with striking force: 'One word of truth is of more weight than all the rest of the world.'

This violation of the Law of Conservation of Mass and Energy may sound fantastic, but it is not. It is the basis for my own work and for my appeal to the whole world's writers.